Von der Raupe zum Schmetterling

Mit Affirmationen Selbstentwicklung erfahren

Ein Arbeitsbuch der Neuen Zeit

Johanna Maria Uetz

Wichtige Hinweise:

Alle Angaben in diesem Buch wurden sorgfältig und nach bestem Wissen erstellt und zusammengetragen.

Jeder Leser ist aufgefordert in eigener Verantwortung zu handeln. Das Buch soll in keinster Weise davon abhalten, einen Arzt oder Heilpraktiker zu Rate zu ziehen.

Weder Autor noch Verlag übernehmen die Haftung für eventuell auftretende Schäden, die durch die Verwendung der Ratschläge ausgelöst worden sind.

Impressum:

Von der Raupe zum Schmetterling
Mit Affirmationen Selbstentwicklung erfahren

Herstellung und Verlag: Books on Demand GmbH, Norderstedt

1. Auflage 2010

Autor: Johanna Maria Uetz
Umschlaggestaltung: Stefan Kunkel

ISBN: 9783839171684

Inhalt

Vorwort

Es war einmal eine kleine Raupe, die tief in ihrem Inneren spürte, dass sie ein wunderschönes göttliches Wesen mit zahlreichen und einzigartigen Talenten ist.

Immer und immer wieder bekam sie gesagt, dass dies Blödsinn sei. Von überall hörte sie, wie hässlich und unfähig sie ist.

Traurig kroch sie durch die Natur und stellte sich der Frage nach dem Sinn des Lebens. Sie öffnete ihre Augen und sah, wie viele Wunder uns diese Welt tagtäglich schenkt.

Unscheinbare Knospen entwickeln sich zu zauberhaften, farbigen Blüten. Aus einem kleinen grauen Ei schlüpft ein Vogel, der es in nur wenigen Tagen lernt, seine Flügel auszubreiten und anmutig durch die Lüfte zu gleiten. Und aus einem kleinen Samen kann ein riesiger Baum hervorgehen.

Die Raupe beobachtete, dass sich alles Kleine und Unscheinbare in ein wahres großes Wunder verwandeln kann. Aber sie sah auch viele Niederlagen und Verluste. Da war zum Beispiel ein Vogel, der nicht daran glaubte, dass auch er seine Flügel zum Fliegen ausbreiten konnte. Er wurde schon bald von einer Katze gefangen.

„Gut“, dachte sich die Raupe, „jedes Wunder beginnt im Kleinen. Warum soll also nicht einfach auch ich ein Wunder der Natur sein? Wenn ich nicht an dieses Wunder in mir glaube, dann werde ich die Antwort auf diese Frage nie finden. Mich würde dann das gleiche Schicksal ereilen, wie dem Vogel, der nicht an sich selbst glaubte.“

Die kleine Raupe hörte von nun an nicht mehr auf das Gerede der anderen. Sie konzentrierte sich auf das große Wunder in sich selbst.

Wenige Tage später fand eine große Verwandlung statt. Die Raupe wurde zu einem Schmetterling ...

Auch du kannst eine ähnliche Entwicklung durchlaufen. In dir liegen mehr Talente, als du bisher nur ahnen kannst.

In diesem Büchlein möchte ich dir helfen, dich zu einem wunderschönen Schmetterling zu entwickeln.

Viel Freude wünscht

Johanna Maria Uetz

Über dieses Arbeitsbuch

Affirmationen sind ein wunderbares Mittel um limitierende Glaubensmuster abzubauen und unsere Seele von deren Fesseln zu befreien.

Im Gegensatz zu Mantren, die in der Regel universelle und allgemeine Formulierungen enthalten, beziehen sich Affirmationen ganz konkret auf die Person, die sie gerade spricht. Daher werden Affirmationen auch nicht in Gruppen gesprochen, sondern eher im Stillen für sich selbst. Sie sind etwas sehr Persönliches. Deine Affirmation muss zu dir passen, dass sie ihre Wirkung entfalten kann.

Die Wirkungsweise ist sehr einfach und mit nur wenigen Worten erklärbar: Wenn man einen positiv formulierten Satz immer und immer wieder aufsagt, oder auch einfach nur in Gedanken für sich selbst durchgeht, so hat dies unweigerlich eine Wirkung auf unser Unterbewusstsein.

Unser Leben kennt das Prinzip von Ursache und Wirkung ganz genau und so versteht es sich von selbst, dass auch die gesprochene Affirmation eine Wirkung zeigen wird.

Die einzige Frage, die an dieser Stelle bleibt, ist die, ob die Wirkung positiver oder vielleicht auch negativer Natur sein kann.

In meiner täglichen Praxis erlebe ich sehr häufig, dass Affirmationen im Alleingang falsch angewendet werden und so kaum eine Wirkung zeigen.

Affirmationen sind zwar leicht durchzuführen und umzusetzen, aber um ihre volle Wirkung entfalten zu können, bedarf es einer gezielten Vorbereitung. Das Prinzip von Ursache und Wirkung können wir dann voll ausschöpfen, wenn wir unsere Handlungen ganz bewusst wählen und uns damit beschäftigen in welche Richtungen sie den Stein der Wirkung ins Rollen bringen.

Mit diesem Büchlein möchte ich dir eine Zusammenfassung geben, die dir aufzeigt, wie du Affirmationen bestmöglich anwendest. Ich möchte dich gerne bei deinem ganz persönlichen Transformationsprozess unterstützen.

Mit nur wenigen und noch dazu sehr einfach umzusetzenden Ratschlägen bekommst du ein überaus effektives Handwerkszeug in die Hände gelegt, mit dem du dich in Leichtigkeit und Freude von allem Alten befreien kannst.

Es ist allerdings wichtig, dass du geduldig von vorne nach hinten arbeitest und keinen Schritt überspringst! Mache jede Übung gewissenhaft - ganz egal, wie trivial sie dir erscheint, denn jede Übung baut auf den vorhergegangenen auf.

Das Programm erkennen

Wenn du dich dazu entschlossen hast, deiner Seele mit Affirmationen Flügel zu verleihen, so geht es in erster Linie darum, dass du erkennst, wo die Fesseln eigentlich liegen. Du musst bereit dazu sein, offen und ehrlich zu dir selbst zu stehen und auch die dunkeln Seiten fürs erste einmal so anzunehmen, wie sie derzeit sind.

Vor dem wichtigen Prozess des Loslassens steht zuerst das Erkennen und liebevolle Annehmen.

Wenn du im Moment beispielsweise ein Problem damit hast, Fülle in dein Leben zu lassen, weil tief in dir ein Programm gespeichert ist, das deinem Unterbewusstsein immer und immer wieder erzählt, dass Erfolg sündhaft und ungerecht ist, oder dass du in diesem Leben Erfolg nicht verdient hast, so bringt es wenig, dieses Programm zu ignorieren.

Würdest du in diesem Fall immer und immer wieder die Affirmation benutzen: „Ich bin erfolgreich", ohne die Ursache für dein Problem mit Erfolg zu kennen, so schreibst du zwar ein neues positives Programm in dein Unterbewusstsein, aber das negative ist weiterhin vorhanden und aktiv. Die beiden Programme laufen sozusagen in Konkurrenz und obendrein beginnst du, dich selbst zu belügen. Statt in deine Mitte zu kommen, zerreißt du dich so nur noch mehr.

So, wie ich Affirmationen verstehe und anwende, dienen sie zum einen dazu, neue positive Programme zu schreiben, aber zum anderen löschen sie auch die negativen aus dem Unterbewusstsein. Das alte, nicht mehr brauchbare Glaubensmuster wird also Schritt für Schritt in einen positiven Satz umgeschrieben.

Nur so, kannst du ehrlich und liebevoll zu dir selbst sein. Affirmationen dürfen nie in einem Prozess des Verdrangens und der Selbstlüge enden!

Es ist unmöglich, ein Programm zu löschen oder umzuschreiben, das du nicht kennst. Aus diesem Grund ist es nun für einen Augenblick nötig, der negativen Seite in dir in die Augen zu sehen. Sei ehrlich zu dir selbst!

Übung: Die Fesseln erkennen

Um deine negativen Glaubensmuster und Programme erkennen zu können, möchte ich, dass du dir eine Liste mit all den Dingen anlegst, die dich an dir selbst stören.

Folgende Fragen kannst du für deine Liste als Hilfe heranehmen:

- Wie verhälst du dich anderen Menschen gegenüber? So, wie du dich fühlst, oder spielst du etwas vor?

- Was ist dein größter Wunsch und was hindert dich daran, ihn zu leben?

- Gibt es in deinem Leben Situationen, in denen du dich über dich selbst ärgerst und wenn ja, welche?

- Hast du manchmal das Gefühl, dass du nicht du selbst bist und wenn ja, wann und warum?

Schreibe alles auf, was dir einfällt. Es geht nun erst einmal darum, die Dinge zu sammeln, die du bearbeiten möchtest! Du musst dein Verhalten und deine Gefühle nicht verstehen oder gar interpretieren. Sammle, ohne zu urteilen!

Wenn du glaubst, alle Punkte gesammelt zu haben, dann suche dir denjenigen heraus, der dein Leben am meisten beeinträchtigt und dich am meisten stört. Genau diesen werden wir nun bearbeiten. Es macht wenig Sinn, mehrere Punkte nur halblebig zu bearbeiten. Nehme dir ein einziges Thema vor und richte deine volle Aufmerksamkeit hierauf.

Lege deine „Negativliste“ anschließend beiseite, aber hebe sie dennoch gut auf. Wenn du das erste Thema bearbeitet hast, kannst du dir jederzeit ein neues auswählen und mit dem Transformationsprozess von vorne beginnen. Im Folgenden aber schenke dieser List bitte keinerlei Beachtung mehr. Es geht nicht darum, dir bewusst zu machen, wie viel Arbeit noch vor dir liegt und wie viele Probleme dich durch dein Leben begleiten.

Du hast alle Kraft, um dein Leben zu verändern und genau in diesem Moment bist du dabei, dir diese innere Kraft zu eigen zu machen. Konzentriere dich hierauf!

Die Zusammenhänge sehen lernen

Das bedeutendste spirituelle Gesetz ist das von Ursache und Wirkung. Deine Gegenwart, so wie sie jetzt ist, ist ein Ergebnis der Vergangenheit und mit dem, was du jetzt denkst und wie du jetzt handelst, bildest du das Fundament deiner Zukunft.

Alles ist ein Kreislauf, denn deine Gefühle, deine Gedanken und dein Handeln der Gegenwart sind ganz maßgeblich von deiner Vergangenheit bestimmt.

Die Erziehung, all die Erfahrungen aus deiner Kindheit und deinem bisherigen Leben haben dich geprägt und geformt. Sie haben dich geschliffen wie einen rohen Stein. Du wurdest angepasst. Du hast dich angepasst. Du hast dich so sehr an die Umstände angepasst, dass man kaum noch erkennen kann, wer du eigentlich bist. Wer bist du ursprünglich?

Lernst du einen neuen Menschen kennen, so entscheidet deine Erfahrung aus der Vergangenheit, ob du diesen sympathisch findest.

Haben dir deine Eltern beigebracht, dass es sich nicht gehört, über eigenen Erfolg zu sprechen, so hast du diese Aussage tief in deinem Unterbewusstsein gespeichert und gelernt, dass Erfolg negativ behaftet ist.

Stehst du vor einer wichtigen Entscheidung, so werden deine Erfahrungen der Vergangenheit einen Einfluss darauf haben, wie du handelst.

Dein heutiges Fühlen, Denken und Handeln hat zum größten Teil seinen Ursprung in deiner Vergangenheit und dein heutiges Fühlen, Denken und Handeln gestaltet deine Zukunft ganz nach dem Gesetz von Ursache und Wirkung ...

Es ist ein ewiger nicht enden wollender Kreislauf und übertrieben gesprochen, ist deine Vergangenheit der Ursprung für deine Zukunft und die Gegenwart lediglich ein kurzer unbe-deutender Weg.

Affirmationen bieten dir eine wunderbare Möglichkeit, um die Wunden der Vergangenheit zu heilen und ein selbstbestimmtes Leben zu führen. Du hast jetzt die Möglichkeit, aus diesem Kreislauf aufzuwachen und dein Leben zu dem zu machen, was du dir wünschst! Lasse die Vergangenheit nicht ewig dein Leben bestimmen, sondern gestalte dir die Zukunft selbst! Gebe der Gegenwart ihre Kraft und Bedeutung zurück!

Die nachfolgende Übung wird dir helfen, den Zusammenhang zwischen Vergangenheit und

Zukunft besser verstehen zu können und den einen negativen Punkt, den du in der ersten Übung ausgewählt hast, in den Kreislauf einzuordnen.

Übung: Lerne den Kreislauf kennen

Nimm dir nun ein neues Blatt Papier und unterteile es in vier Spalten.

Die erste Spalte trägt die Überschrift „Erlebnis“, die zweite „Glaubenssatz“, in die dritte schreibst du „Erfahrung“ und in die letzte Spalte „Geschenk“.

Mit dieser Tabelle werden wir nicht nur in dieser Übung arbeiten, sondern wir ergänzen sie Schritt für Schritt.

Um das Konzept als solches besser verstehen zu können, möchte ich dir gerne ein Beispiel geben.

Nehmen wir an, jemand hat als Kind ein Leben in Armut gefühlt. Er hat unter diesen Umständen gelernt, besonders gut auf sein Geld aufzupassen und sich keinen besonderen Luxus zu gönnen. Aus diesem Erlebnis hat er bereits als kleines Kind den Glaubenssatz geformt: „Ich bin arm“. Dieser Glaubenssatz hat auch als Erwachsener weitreichende Folgen gehabt und er machte immer und immer wieder die Erfahrung, arm zu sein. Diese Erfahrung bestärkt den Glaubenssatz und der negative Kreislauf verstärkt sich so von alleine. Die Armut manifestiert sich noch mehr in seinem Leben.

In diesem Fall würde in der ersten Spalte stehen: „Ich habe eine Kindheit in Armut erlebt." In der zweiten Spalte: „Ich bin arm" und in der dritten: „Ich werde immer arm sein."

Auf die Spalte „Geschenk" möchte ich erst im späteren Verlauf eingehen.

Was du nun tun sollst, ist den einen negativen Punkt aus Übung eins in dieses Schema einzuordnen.

Überlege dir, wann sich das Gefühl oder Verhalten das erste Mal in deinem Leben gezeigt hat und denke über die Hintergründe nach. Falls es dir schwer fällt, in deinem Leben so weit zurückzugehen, dann lasse die erste Spalte einfach aus. Sie muss nicht ausgefüllt sein, dass die folgenden Schritte Erfolg zeigen. Es geht vielmehr darum, dass du dir den Kreislauf bewusst machst, den du durchbrechen möchtest. Wenn dir also kein „Erlebnis" einfällt, dann mache dir dennoch klar, dass es irgendein Erlebnis gegeben hat, das den Kreislauf in Gang gesetzt hat. Selbst wenn es eine Erfahrung aus einem früheren Leben war - es gibt einen Auslöser für die Fesseln um deine Seele.

Für die zweite Spalte überlege dir, welcher Glaubenssatz hinter dem negativen Punkt steckt. Auch dieser Satz muss nicht perfekt formuliert sein, aber es ist wichtig, dass du das „Problem" auf einen Nenner bringst. Es ist gut möglich, dass ein negatives Glaubensmuster in deinem Leben viele einzelne Aspekte zeigt, hier aber möchte ich, dass du den Ursprung aufschreibst.

Die dritte Spalte ergibt sich von selbst. Sie ist die Schlussfolgerung aus all deinem Erlebten und dem Glaubensmuster, sie ist deine Erfahrung - die Schlussfolgerung für deine Zukunft.

Im Folgenden findest du zur Veranschaulichung einige Beispiele in Form einer Tabelle zusammengefasst.

Erkenne den Kreislauf!

Erlebnis	Glaubenssatz	Erfahrung	Geschenk
Ich habe eine Kindheit in Armut erlebt.	Ich bin arm.	Ich werde immer arm sein.	
Als Kind sagte man mir, ich sei zu dick.	Ich bin dick.	Ich nehme immer so schnell zu.	
Als ich klein war, hat mich mein Vater verlassen.	Ich bin es nicht wert, geliebt zu werden.	Ich werde immer verlassen und bekomme keine Liebe.	
Man sagte mir, ich sei dumm, als ich eine falsche Antwort gab.	Ich bin dumm.	Andere halten das, was ich sage immer für dumm.	
In meiner Familie gibt es viele Erbkrankheit en.	Ich werde sicherlich krank.	Alle aus meiner Familie wurden bisher krank, daran wird sich nichts ändern.	
Als ich von meinem Erfolg berichtete, waren meine Freunde neidisch.	Erfolg bringt viel schlechtes mit sich.	Immer, wenn ich etwas erreicht habe, spürte ich den Neid der Anderen. Daran wird sich nichts ändern.	

Erlebnis	Glaubenssatz	Erfahrung	Geschenk
Meine Geschäfts-idee endete in einer großen Niederlage.	Ich bringe es zu nichts.	Bisher hatte ich nie Erfolg. Das wird sicherlich so bleiben.	
Mir wurde erzählt, dass ich es nie zu etwas bringen werde.	Ich bringe es zu nichts.	Ich habe es noch nie zu etwas gebracht und werde es nie zu etwas bringen.	
Ich wurde ausgenützt.	Niemand meint es gut mit mir.	Bisher war jeder nur hinter meiner Arbeitskraft oder meinem Geld her. Als Person wurde ich nie ange-nommen.	
Die Sitzung bei einem Geistheiler zeigte keinen Erfolg.	Für mich gibt es keine Hilfe.	Jeder Versuch, Heilung zu finden, scheiterte	

Den Speicherort in deinem Körper finden

Dein Körper ist das Spiegelbild deiner Seele.

Wenn du wirklich aufmerksam bist und nach innen lauschst, wirst du feststellen, dass alles, was auf deiner seelischen Ebene geschieht, eine Verbindung zu deinem Körper hat. Das gilt bei Weitem nicht nur für die Deutung von Krankheiten, sondern beginnt bei ganz alltäglichen Gefühlen.

Jedes Gefühl macht sich in deinem Körper an einer ganz bestimmten Stelle bemerkbar. Das Körperteil steht also in direkter Verbindung zum Ursprung des Gefühls in deiner Seele.

Dieser sehr einfache Zusammenhang, macht es uns möglich, auch dem Glaubensmuster, eine Art Speicherplatz in unserem Körper zuzuordnen.

Wenn du den Speicherplatz kennst, wird es dir in den weiteren Übungen viel leichter fallen, das Programm in einen positiven Satz zu transformieren.

Übung: Speicherort finden

Nehme dir jetzt die Zeit, dieses negative Programm in deinem Körper zu spüren und zu lokalisieren. Jedes Gefühl und jeder Gedanke ist in der Regel auf einen ganz bestimmten Bereich in deinem Körper zu beschränken. Es ist zum Beispiel möglich, dass es dir ganz „eng ums Herz wird“, wenn du an dieses Programm denkst, oder dass dein Knie zu schmerzen beginnt. Nehme einfach die Region so wahr, wie sie sich zeigt und notiere deine Gefühle.

Es ist hier sehr wichtig, dass du dich nicht zu sehr auf das Negative konzentrierst. Energie folgt immer der Aufmerksamkeit. Verweilst du zu lange bei dieser kurzen Übung oder bleibst gar mit deinen Gedanken bei dem negativen Programm hängen, so stärkst du es zusätzlich. Das einzige, was du tun musst, ist das Programm zu benennen und ihm eine Körperregion zuzuweisen. Schau ihm einmal bewusst in die Augen, aber dann wende dich wieder davon ab!

Wenn du gerne mit Engeln arbeitest, kannst du dir nun auch bildlich vorstellen, wie du dieses Programm in die Hände von Erzengel Michael legst. Er wird es ins Licht bringen und transformieren. Anschließend bitte Erzengel Raphael um seine Heilungsenergie.

Und nun atme erst einmal tief durch! Du bist schon einen ganz großen Schritt weitergekommen! Du hast den „Speicherort“ von dem Programm gefunden und kannst nun direkt beginnen, es zu löschen und mit einem neuen positiven zu überschreiben.

Annehmen

Nehme dich so an, wie du derzeit bist und lerne dich genauso zu lieben. Flüchte nicht in Ausreden, wie „Wenn ich dieses Programm gelöscht habe, dann …“ Dein Leben findet JETZT statt, genauso, wie du derzeit bist. LEBE es!

Veränderungen vollziehen sich immer im Fluss und in der Bewegung. Wo keine Bewegung, da keine Veränderung. Und wo keine Veränderung, da Stagnation.

Ich möchte dir damit sagen, dass es zwar wichtig ist, an deinen tiefsitzenden Programmen zu arbeiten, es aber nur dann zu wahrer Veränderung kommt, wenn du bereit bist, dem Fluss des Lebens deine Hand zu reichen. Du bist gut, so wie du bist. Übe dich im Annehmen und Loslassen. Nehme deine Themen an und lasse sie anschließend wieder los! Komme ganz ohne Erwartungen und ohne Zwang in den Fluss des So-Seins.

Gehe also die nächsten Schritte in Leichtigkeit und Freude und lasse deine innere Erwartungshaltung los. Nichts muss sein, aber alles darf sein.

Anstatt deine Aufmerksamkeit kontinuierlich auf die Dinge zu richten, die dich an deinem Leben stören, schau besonders auf Themen, die dich bereits glücklich machen. Positives Denken fängt bei der Ausrichtung deines Blickwinkels an.

Der Weg zu deiner persönlichen Affirmation

Die Formulierung deiner Affirmation ist enorm wichtig. Deine Affirmation muss zu dir passen, genauso wie du zu deiner Affirmation passen musst.

Einige grundlegende Richtlinien habe ich dir im Folgenden zusammen gefasst.

1. Öffne dich der göttlichen Führung

Wenn du bereit dazu bist, die Hilfe deiner Engel und Geistführer anzunehmen, so verbinde dich in Liebe mit ihnen und bitte sie darum, dich zu inspirieren und dir zu helfen, den richtigen Satz für dich zu finden.

2. Ziele auf den wahren Kern

Sehr viele Glaubensmuster zeigen sich in mehreren Bereichen deines Lebens. Ein Programm kann also mehrere unterschiedliche Wirkungen haben. Es bringt wenig, eine Wirkung mit einem positiv formulierten Satz zu bearbeiten, aber es bringt sehr viel, wenn dein Satz genau auf den Kern der Ursache abgestimmt ist.

Nehmen wir an, in einem Menschen ist gespeichert: „Ich genüge nicht den Anforderungen."

Diese Person wird höchstwahrscheinlich Probleme damit haben, Fülle in ihr Leben zu lassen. Sie denkt sich wahrscheinlich, dass sie finanzielle Fülle nicht verdient hat und dass sie einer wahren Freundschaft nicht gerecht werden kann. Der negative Satz spannt sich durch ihr Leben wie ein dicker schwarzer Faden. Er zwängt sie in Fesseln und erlaubt ihr auf keiner Ebene, ihr wahres Sein wirklich zu leben. Die Seele hat kaum Möglichkeiten zur Entfaltung.

In diesem Beispiel ist es sehr wichtig, den einen grundlegenden Satz richtig zu erkennen und nicht nur die „Nebenfäden" umzuprogrammieren.

Achten wir nur auf die Auswirkungen, so würden wir wahrscheinlich zu einem Satz wie diesem kommen: „Ich lasse Fülle in mein Leben". Dieser Satz ist zwar an und für sich schon gut und für den einen oder anderen sicherlich sehr hilfreich, aber für oben genannte Person trifft er nicht den Kern des Problems.

Besser wäre hier: „Ich bin vollkommen" oder „Ich bin gut, so wie ich bin".

3. Achte auf dein Wohlgefühl.

Wichtig ist, dass sich deine Affirmation für dich persönlich gut anfühlt. Du musst das Gefühl haben, dass es einfach dein Satz ist, der dir Kraft für den Alltag gibt.

Eine besondere Anziehung haben Sätze, die sich reimen. Durch den Rhythmus, der sich beim wiederkehrenden Sprechen ergibt, prägen sich diese besonders gut in das Unterbewusstsein ein. Überprüfe für dich selbst, mit welcher Art von Formulierungen du lieber arbeitest.

4. Formuliere immer in der Gegenwart

Es ist sehr wichtig, dass du keine zukünftigen Formulierungen verwendest. Sagst du: „Ich werde erfolgreich sein", dann wird dieser Satz keine Auswirkung auf deine Gegenwart haben.

Mache dir bewusst: Jede Veränderung beginnt im Jetzt! Nutze diese Kraft der Gegenwart und sage: „Ich bin erfolgreich" und lenke gegebenenfalls deine Gedanken auf die Gebiete, in denen du bereits Erfolg hast!

5. Formuliere immer positiv!

Mache dir bitte bewusst, dass dein Unterbewusstsein mit Wörtern wie „nicht" nichts anfangen kann. Solche Formulierungen werden gestrichen. Sprichst du zum Beispiel: „Ich bin nicht schlecht“, so kommt in deinem Unterbewusstsein nur an „Ich bin schlecht“.

Vermeide daher jegliche Form der Verneinung in deinen Sätzen!

Im genannten Beispiel wäre es besser zu sagen: „Ich bin gut.“ oder „Ich bin in Ordnung.“.

Glaube an dich!

Übung: Affirmation finden

Nehme dir nun ein Blatt und probiere einige Formulierungen aus. Sehe das ganze als ein Spiel. Je experimentierfreudiger und fröhlicher du an diese Übung gehst, desto leichter wird es dir fallen, eine gelungene Affirmation zu finden.

Spiele mit den Formulierungen und überprüfe immer wieder, ob du die Richtlinien erfüllst.

Sollte dir der Beginn schwer fallen, so findest du im Folgenden einige Affirmationsbeispiele.

Formulierungsbeispiele

Selbstbewusstsein & Selbstliebe :

- Ich bin vollkommen.
- Ich bin ich und du bist du.
- Ich bin gut, so wie ich bin.
- Ich bin frei und voller Liebe.
- Ich erlaube mir, das Leben zu genießen.
- Ich lebe mich, so wie ich bin.
- Ich liebe meine Gefühle.
- Ich bin ein göttliches Wesen.
- Ich darf meine Meinung äußern.
- Ich habe ein Recht auf eigene Meinung.
- Ich wirke wie ein Sonnenstrahl.
- Ich teile mich anderen offen und ehrlich mit.
- Ich öffne mich für die Kommunikation.
- Ich ruhe glücklich und zufrieden in mir.
- Ich sorge gut für mich.

Erfolgreich sein:

- Ich vertraue dem Fluss des Lebens.
- Ich ziehe Erfolg magisch an.
- Erfolg steht mir zu.
- Geld fließt leicht zu mir.
- Ich erlaube mir, Erfolg zu ernten.
- Das Leben meint es gut mit mir.
- Das Gelingen ist mit mir.
- Alles, was ich unternehme, mache ich zu meinem Meisterwerk.
- Geld verdienen macht mir Freude.
- Alles ist im Überfluss für alle da.
- Alles, was für mich wertvoll ist, kann ich mir leisten.
- Ich achte auf positive Gedanken im Zusammenhang mit Geld.
- Ich stelle mich mutig den Herausforderungen meiner Arbeit.
- Ich bin dankbar für die großartigen Leistungen, die ich jeden Tag erbringen darf.

- Mit beiden Beinen stehe ich fest und sicher auf dem Boden.
- Für mich ist bestens gesorgt.
- Mein tägliches Arbeitspensum schaffe ich mit Leichtigkeit und Freude.
- Geistig und materiell bin ich reich versorgt.
- Ich verdiene es, erfolgreich zu sein.

Sich für Heilung öffnen:

- Ich erlaube mir die vollkommene Heilung.
- Meine Augen (Ohren, Nase...) sind offen und weit.
- Mein Rücken ist stark wie ein Baum.
- Ich bin voller Energie und Feuer.
- Ich erlaube mir, die Heilenergie in mir fließen zu lassen.
- Meine Innen- und Außenwelt sind im Gleichgewicht.
- Ich öffne mich für meine eigenen Bedürfnisse.
- Gesundheit, Harmonie und Frieden durchströmen mich.
- Jede Zelle meines Körpers reinigt sich und erstrahlt in hellem Licht.
- Alle meine Körperfunktionen sind in Harmonie.
- Mein Atem verbindet Körper, Geist und Seele zu einem Ganzen.
- Ich achte die Signale meines Körpers.

Sich für spirituelles Wachstum öffnen:

- Die göttliche Quelle sorgt für mich in jeder Lage.
- Ich bin behütet und beschützt.
- Ich bin dankbar für meine ausgezeichnete Intuition.
- Verstand und Gefühl gehen Hand in Hand.
- Ich lasse los.
- Ich vertraue der Weisheit Gottes.
- Mein Glaube ist stark wie ein Fels.
- Ich sehe die Sonnenseite meines Lebens.
- Ich stelle mich mutig den Herausforderungen des Lebens.
- Ich bin die Liebe selbst und so mit allem verbunden.
- Ich fühle und liebe das Leben.
- Ich nehme die göttliche Führung dankbar an.
- Ich bin ein göttliches Wesen.

Sich für die Liebe und Beziehungen öffnen:

- Ich bin geliebt.
- Liebe fließt durch mich hindurch.
- Ich gebe und empfange die Energie der Liebe.
- Ich öffne mich für die Liebe.
- Die Liebe heilt.
- Ich fühle Gottes Liebe.
- Mit meiner positiven Kraft ziehe ich jene Menschen an, die mit mir in Harmonie schwingen.
- Ich respektiere die Gefühle meiner Mitmenschen.
- Ich achte bewusst auf meine Gefühle.
- Alle meine Beziehungen gestalte ich bewusst positiv.
- Ich verzeihe ... (setze die Person ein, der du verzeihen möchtest)

Ich erlaube mir...

Eine ganz besondere Wirkung entfalten Sätze, die mit „Ich erlaube mir..." beginnen.

Ich habe festgestellt, dass sich viele Menschen selbst nicht erlauben, vollkommen gesund, erfolgreich und glücklich zu sein. In ihrem Unterbewusstsein ist oft gespeichert, dass sie all die positiven Dinge nicht verdient hätten. Ihr Wille sagt zwar: "Ich möchte gesund sein." aber ihr Unterbewusstsein redet gleich hinterher: "Das kannst du dir nicht erlauben." oder "Das hast du nicht verdient."

Der Schlüssel zur Selbstheilung ist die Selbstliebe. Wenn du in deinem Leben wirklich glücklich, erfolgreich und vollkommen heil sein möchtest, dann musst du dich selbst mit Liebe und Achtung behandeln und respektieren. Du musst dir selbst also erlauben, das Leben zu führen, das du gerne leben möchtest.

Ein einfaches und schlichtes „Ich erlaube mir..." kann in solchen Situationen eine fantastische Wirkung haben. Experimentiere mit deiner Affirmation, indem du diese einfachen drei Worte mit einbaust. Spüre ihrer Wirkung nach und entscheide für dich, ob sich dadurch die Kraft deiner Affirmation verstärkt.

Hier einige Beispiele:

- Ich erlaube mir, die vollkommene Heilung – jetzt.

- Ich erlaube mir, Erfolg magisch anzuziehen – jetzt.

- Ich erlaube mir, in meine Mitte zu sinken – jetzt.

- Ich erlaube mir, glücklich zu sein – jetzt.

- Ich erlaube mir, mich selbst zu lieben – jetzt.

- Ich erlaube mir, mein Leben nach meinen Wünschen zu gestalten – jetzt.

Übung: Durchbreche den Kreislauf des alten Programms

Trage deine Affirmation nun in deine Tabelle ein und nehme dir die Zeit zu erkennen, wie dieser eine Satz den kompletten Kreislauf durchtrennt. Meditiere in aller Ruhe und spüre der enormen Wirkung deines Satzes nach.

Indem du einen persönlichen Bezug zu deiner Affirmation aufbaust, gibst du ihr noch mehr Kraft!

Deine Affirmation ist ein großes Geschenk. Sie zeigt dir das Potential der Veränderung.

Um dir weitere Anregungen zu geben, habe ich alle Beispiele aus der Tabelle ergänzt:

Erlebnis	Glaubenssatz	Erfahrung	Geschenk
Ich habe eine Kindheit in Armut erlebt.	Ich bin arm.	Ich werde immer arm sein.	Alles, was ich brauche, fließt zu mir.
Als Kind sagte man mir, ich sei zu dick.	Ich bin dick.	Ich nehme immer so schnell zu.	Ich achte mich und meinen Körper.
Als ich klein war, hat mich mein Vater verlassen.	Ich bin es nicht wert, geliebt zu werden.	Ich werde immer verlassen und bekomme keine Liebe.	Ich bin liebenswert und die Energie der Liebe strömt zu mir.
Man sagte mir, ich sei dumm, als ich eine falsche Antwort gab.	Ich bin dumm.	Andere halten das, was ich sage immer für dumm.	Ich bin dankbar für mein inneres Wissen und teile es gerne mit anderen.
In meiner Familie gibt es viele Erbkrankheit en.	Ich werde sicherlich krank.	Alle aus meiner Familie wurden bisher krank, daran wird sich nichts ändern.	Ich bin gesund und die göttliche Heilenergie beschützt mich alle Zeit.

Erlebnis	Glaubenssatz	Erfahrung	Geschenk
Als ich von meinem Erfolg berichtete, waren meine Freunde neidisch.	Erfolg bringt viel schlechtes mit sich.	Immer, wenn ich etwas erreicht habe, spürte ich den Neid der Anderen. Daran wird sich nichts ändern.	Ich erlaube mir, erfolgreich zu sein und ernte Anerkennung
Meine Geschäftsidee endete in einer großen Niederlage.	Ich bringe es zu nichts.	Bisher hatte ich nie Erfolg. Das wird sicherlich so bleiben.	Ich ziehe Erfolg magisch an.
Mir wurde erzählt, dass ich es nie zu etwas bringen werde.	Ich bringe es zu nichts.	Ich habe es noch nie zu etwas gebracht und werde es nie zu etwas bringen.	Ich erkenne meine Talente und schreite mutig voran.
Ich wurde ausgenützt.	Niemand meint es gut mit mir.	Bisher war jeder nur hinter meiner Arbeitskraft oder meinem Geld her. Als Person wurde ich nie angenommen.	Ich bin ein liebenswerter Mensch und ernte Mitgefühl.
Die Sitzung bei einem Geistheiler zeigte keinen Erfolg.	Für mich gibt es keine Hilfe.	Jeder Versuch, Heilung zu finden, scheitert.	Ich empfange Heilung / Hilfe aus dem inneren meiner Seele.

Die inneren Grenzen werden gesprengt...

Setze dich in aller Ruhe hin und hole dir das negative Programm in dein Bewusstsein. Sobald du es in deinem Körper wahrnehmen kannst, beginne deine Affirmation zu sprechen. Stelle dir dabei vor, dass du direkt mit dem Körperbereich sprichst, indem du dein altes Programm löschen möchtest.

Beobachte dich ganz genau. Welche Gefühle stellen sich ein? Wie verändert sich deine Körperwahrnehmung? Nehme es einfach so an, wie es kommt und wehre dich keinesfalls.

Auch hier gilt, dass du den größten Erfolg in der Leichtigkeit und Freude erfahren kannst. Sehe das Ganze also eher wie ein Spiel und freue dich auf die neuen Erfahrungen.

Wenn vor deinem geistigen Auge Bilder auftauchen, dann nehme sie einfach so an, aber halte sie nicht fest, sondern lasse sie einfach weiterziehen.

Und während du all das erlebst, sprichst du beständig und gleichmäßig deine positive Affirmation. Du brauchst nichts tun, nur vor dich hin sprechen und beobachten, wie das alte Programm umgeschrieben wird.

Deine Körperzellen sind so intelligent, dass sie für dich arbeiten. Du musst ihnen nur immer und immer wieder neue Impulse geben und bereit sein, dich dem Fluss der Veränderung hinzugeben.

Mache das einfach so lange, wie es sich gut für dich anfühlt. Du wirst mit der Zeit selbst ein Gefühl dafür bekommen, wann dein Unterbewusstsein und deine Körperzellen nichts Neues mehr aufnehmen können.

Wiederhole diese Übung so oft, wie es dir möglich ist.

Die Bedeutung deiner Gefühle

Deine Gefühle sind ein sehr kraftvolles Werkzeug, das die positiven Auswirkungen deiner Affirmation enorm verstärken kann.

Ein Gefühl wie beispielsweise Angst, Glück, Hass, Liebe oder Vorfreude verändert deine Aura und deine Schwingung nachhaltig. Wenn du immerzu Angst vor der Zukunft hast, so werden deine Energien kontinuierlich sehr tief gehalten.

Sicherlich hast du schon einmal etwas von dem Gesetz der Resonanz gehört. Es besagt, dass wir das anziehen, was wir ausstrahlen. Sendest du durch deine Gefühle verursacht niedere Schwingungen aus, so wird es dir nicht möglich sein, etwas wirklich durch und durch Positives zu manifestieren.

Passt du deine Schwingung aber der deines Wunsches an, so gleichst du einem Magneten, der den Wunsch auf magische Weise anzieht und in deiner Wirklichkeit manifestiert.

Du musst zu dem werden, was du sein möchtest!

Deine Affirmationen sind besonders effektiv, wenn du dir während dem Sprechen vorstellst, dass sie bereits in Erfüllung gegangen sind.

Spüre, wie sich die Manifestation anfühlt und lass sich dieses Körpergefühl in dir ausbreiten! Werde für den Moment zu dem Menschen, der du sein möchtest: frei und selbstbestimmt.

So gleichst du deine Ausstrahlung deiner Affirmation an und die Wirkung kann besser manifestiert werden.

Tipps für noch mehr Rhythmus und Bewegung

Je mehr Rhythmus du in deine Praxis des Affirmationensprechens bringst, desto leichter prägen sich die Sätze in dein Unterbewusstsein.

Rhythmus kannst du auf viele Arten und Weisen in dein Leben holen. Eine ganz banale Möglichkeit ist die Regelmäßigkeit. Morgens, mittags, abends, morgens, mittags, abends, morgens ... oder auch einfach: morgens, abends, morgens, abends, morgens ...

All das sind Rhythmen, die es deinem Unterbewusstsein erleichtern, die Botschaft aufzunehmen. Achte also darauf, dass du ganz regelmäßig mit deiner Affirmation arbeitest.

Beim Sprechen selbst hast du ebenfalls die Möglichkeit, Rhythmus zu erzeugen, indem du deinen Satz jedes mal gleich betonst.

Noch mehr Bewegung bekommst du, wenn du im Rhythmus zu deiner Sprache gehst. Aus jedem Spaziergang kannst du so ein sehr meditatives und befreiendes Erlebnis machen. Spreche bei jedem Schritt eine Silbe und wenn du bei der letzten Silbe deines Satzes angekommen bist, beginne wieder von vorne.

Lass den kosmischen Rhythmus und die Bewegung in dein Leben!

Bewegung und Rhythmus bahnen der Veränderung den Weg frei.

Die Wirkung der Dankbarkeit

Um deine Affirmation zu verstärken, gibt es noch eine weitere sehr simple Möglichkeit: Bedanke dich nach dem Affirmieren.

Bei diesem Dank geht es nicht darum, höflich zum Universum und den geistigen Helfern zu sein. Die Kräfte des Universums und die Engel haben kein Ego und legen somit auf solche menschlichen Umgangsformen wenig wert. Um die geistige Hilfe bei der Manifestation zu bekommen, ist es lediglich wichtig, dass du aufrichtig aus ganzem Herzen handelst.

Dennoch kann ein „Danke“ enorme Wirkungen mit sich bringen. Wenn du dich nach dem Sprechen der Affirmationen bedankst, signalisierst du, dass du fest an die Manifestation dessen glaubst, was du gesprochen hast. Du setzt dir selbst ein wichtiges Zeichen und machst dir bewusst, dass die Veränderung bereits in vollem Gange und Teil der Gegenwart ist.

Unterschätze diese Wirkung nicht. Lass dich in den nächsten Tagen und Wochen darauf ein und sage nach dem Affirmieren ein einfaches, kurzes aber dennoch aufrichtiges „Danke“. Spüre der Wirkung nach und du wirst spüren, dass sich dein neues positives Körpergefühl verstärkt.

Im Alltag an der Veränderung festhalten

Mit dem alleinigen Sprechen von Affirmationen ist es meistens nicht getan. Positiv formulierte Sätze in einer meditativen Haltung zu sprechen, ist einfach und leicht. Den wahren Prüfungen werden wir im Alltag gestellt. Es wird anfangs nicht selten vorkommen, dass du dich dabei ertappst, nach dem alten Muster gehandelt zu haben.

Wie du mit diesen Situationen umgehst, entscheidet ganz grundlegend über den Erfolg des weiteren Affirmierens.

In den vorangegangenen Übungen hast du eine gute Basis gelegt und die Fesseln bereits gelockert. Jetzt aber geht es darum, ob du die Fesseln nach und nach endgültig loslässt, oder sie dir mit deinen Gedanken, Gefühlen und Handlungen erneut enger schnallst.

Ich werde dir nun zeigen, wie du es mit einem einfachen Trick schaffst, dein Leben im Alltag wirklich in die Hand zu nehmen und deiner Affirmation immer mehr Kraft zu verleihen.

Wenn du feststellst, dass du wieder einmal nach deinem alten Muster gehandelt hast, hast du drei grundlegende Möglichkeiten, damit umzugehen.

Von diesen drei Möglichkeiten möchte ich dir auch die weniger gut geeigneten vorstellen, um zu unterstreichen, warum es so wichtig ist, gut überlegt zu handeln.

Möglichkeit eins:

Du ärgerst dich über dich selbst und wirst frustriert, dass deine täglichen Affirmationen keinen Nutzen haben.

Mit dieser Verhaltensweise schwächst du zum einen deinen positiven Satz (Er bringt ja eh nichts…) und zum anderen stärkst du dein altes negatives Programm, weil du mit deiner Aufmerksamkeit all deine Energie dort hinlenkst.

Mit diesem Handeln erklärst du erneut den Krieg zwischen dir und deinem Seelenleben. Du beginnst, dich zu verachten und redest dir nach und nach ein, nicht gut genug zu sein („Nicht einmal Affirmationen sprechen kann ich richtig“)

Ich denke es versteht sich von selbst, dass du dieses Verhalten umgehen solltest ...

Lerne, dich so anzunehmen, wie du bist, denn das Annehmen kommt immer vor dem Loslassen.

Möglichkeit zwei:

Du belügst dich, indem du dir einredest, dass du gar nicht nach deinem alten Muster gehandelt hast. Ohne auch nur im geringsten dein “Fehlverhalten” zu beachten, bleibst du mit deiner Aufmerksamkeit bei deiner positiven Affirmation.

Auf den ersten Blick mag sich diese Möglichkeit für dich vielleicht ganz gut anhören, aber sie hat eine große Schwachstelle.

Du bewirkst zwar, dass das negative Programm auf den ersten Blick weiter geschwächt wird, indem du ihm die Aufmerksamkeit entziehst und dass deine positiven Affirmationen gestärkt werden, weil dein Fokus ganz kontinuierlich darauf gerichtet bleibt, aber du belügst dich selbst.

Mit solch einem Spiel lässt sich dein Unterbewusstsein nicht austricksen. Es wird sehr schnell bemerken, dass du dir selbst etwas vorspielst und es wird deiner Affirmation keinen Glauben mehr schenken.

Mit dieser Selbstlüge entfernst du dich Stück für Stück mehr von deinem wahren ursprünglichen Ich. Du erzeugst Zwang, Druck, Kontrolle und alles andere als Freude und Leichtigkeit.

Du belügst dich und bist nicht ehrlich zu dir selbst. Behandelt man so einen Menschen, den man liebt?

Ich habe bereits an anderen Stellen erwähnt, dass Affirmationen nie in der Selbstlüge enden dürfen. Bitte sei ehrlich zu dir selbst!

Möglichkeit drei:

Wir müssen also ganz offensichtlich einen Weg zwischen der Möglichkeit eins und zwei finden.

Dies gelingt dir, indem du im ersten Schritt dein Verhalten und deine Gefühle so annimmst, wie sie sind. Behandle deine Gedanken und Emotionen nicht wie einen Feind. Sie sind ein Teil von dir und wenn du sie bekriegst, so bekriegst du einen Teil von dir selbst. Du bist ein Mensch und niemand verlangt von dir, dass du deine Gedanken und Gefühle unter Kontrolle haben musst. Höre bitte damit auf, dich zu kontrollieren! Kontrolle ist das Gegenteil von Leichtigkeit und wie ich schon so oft geschrieben habe, so ist die Leichtigkeit der schnellste und einfachste Weg für Erfolg.

Nehme deine Gedanken der Gegenwart also liebevoll an.

Sollten sie zu deinem alten Programm gehören, dann sprich einfach zu ihnen und bedanke dich dafür, dass sie dir gezeigt haben, dass es noch ein Stückchen Transformationsarbeit gibt.

Wenn du die Gedanken, Gefühle oder auch Handlungen des alten Musters so angenommen hast, wie sie derzeit sind, dann lass sie los. Sag ihnen, dass du nun verstanden hast, wo du derzeit stehst und dich aus ganzem Herzen von ihren Fesseln befreien möchtest. Verabschiede sie und lass sie weiterziehen.

Im Anschluss spreche deine positive Affirmation genauso, wie ich es dir erklärt habe. Konzentriere dich auf die jeweilige Körperregion und beginne kontinuierlich deinen Satz aufzusagen. Wenn sich alte Gedanken zeigen, dann lass sie einfach weiterziehen. Nehme sie wahr, aber lass sie zugleich auch los. Halte nicht daran fest und spreche beständig den einen positiven Satz ...

Mit dieser Handlung bist du ehrlich zu dir selbst und erzeugst kein ernsthaftes Gebilde des Zwangs in deinen Gedanken. Du lässt fließen.

Veränderung geschieht immer im Fluss und in der Bewegung.

Affirmationen im Alltag

Mit den voran gegangenen Beschreibungen befreist du dich nach und nach von den inneren Fesseln. Du schälst dich wie eine Zwiebel, um zu deinem wahren Ich zu finden und mit Hilfe deiner inneren Weisheit ein selbstbestimmtes Leben führen zu können.

Häufig werden Affirmationen auch weniger systematisch verwendet, um sich beispielsweise für den kommenden Tag zu motivieren oder um je nach Lebenssituation neue Kraft zu finden.

Es steht dir selbstverständlich frei, positive Sätze auch auf diese Art und Weise anzuwenden. Ich möchte dir aber raten, dich in den nächsten Wochen hauptsächlich auf die Bearbeitung deines Themas zu konzentrieren.

Wenn du den Stein erst einmal ins Rollen gebracht hast, macht es dir sicherlich viel Freude mit Affirmationen zu experimentieren und sie auch als Energieschub für zwischendurch zu verwenden.

Nachwort

Du hast es verdient, ein freies, glückliches und selbstbestimmtes Leben zu führen. Es ist dein Geburtsrecht, dich weiterzuentwickeln und zu wachsen.

Deine spirituelle Entwicklung kann ein Weg voll Leichtigkeit, Freude und Inspiration sein - alles, was du tun musst, ist die bewusste Entscheidung zu treffen, dass du bereit für Veränderung bist.

Gehe den Weg von der Raupe zum Schmetterling!

Sanfte Lehrer:
Berührendes aus dem Reich der Tiere
Johanna Maria Uetz

RiWei-Verlag
ISBN: 978-3897583191

Tiere sind uns Menschen nicht nur treue Wegbegleiter und Freunde, sondern mit der großen Weisheit ihres Herzens auch wunderbare Lehrer in der Lebensschule. Ihre Ratschläge sind stets aufrichtig, liebevoll und unter allen Umständen wohlwollend und hilfreich.

Diese ausgewählte Sammlung an Tiergesprächen ist ein sehr hilfreicher Begleiter für alle, die geistig wachsen und in Einklang mit Körper, Geist und Seele leben wollen.

Die sanften Lehrer sprechen hier unter anderem über die Bedeutung des Verzeihens und geben Ihnen eine Meditation an die Hand, die es Ihnen erleichtert, zu vergeben und loszulassen.

Sie erfahren, wie Ruhe, Liebe und Hoffnung zur Entfaltung Ihres Seelenpotentials beitragen und wie Tiere das Zusammenleben mit uns Menschen empfinden.

Außerdem wurden in diesem kleinen Schatzkästchen unterschiedliche Meinungen der Tiere rund um das Thema "Essen von Tierprodukten und Fleisch" zusammengetragen.

Weitere Informationen zu den Beratungsangeboten von Johanna Maria Uetz findest du unter:

www.lichtkommunikation.de

www.lichtkommunikation.wordpress.com